AF266399

Lucien BURLET.

LA POLITIQUE

SES VRAIS PRINCIPES

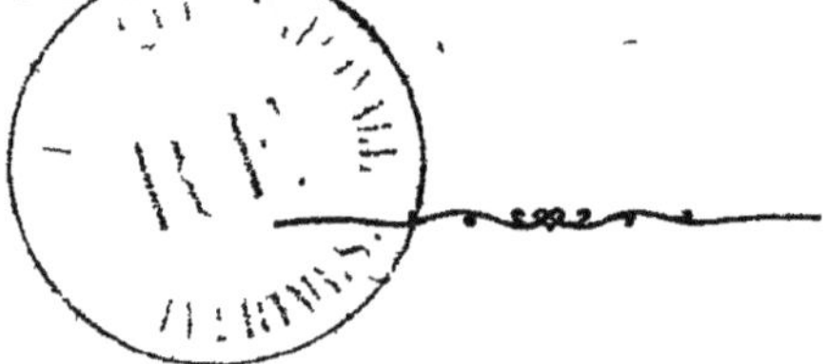

*Une nation qui s'affaiblit doit se
retremper dans ses principes.*

GRENOBLE

AUGUSTE COTE, LIBRAIRE

5, rue Brocherie, 5

—

1875

LA POLITIQUE

SES VRAIS PRINCIPES

> Une nation qui s'affaiblit doit se
> retremper dans ses principes.

Nous sommes à la veille de graves événements. Le voile
de l'oubli a déjà passé sur les dernières expiations de 1870
et 1871. Tristes symptômes de l'état d'affaissement moral
de l'heure actuelle : ces expiations n'ont pas été comprises,
et les horreurs de la guerre civile succédant à la guerre ex-
térieure, les crimes des bandits de la Commune venant
dépasser les atrocités des hordes prussiennes n'ont pu des-
siller les yeux des aveuglés.

Cependant, des hommes intelligents, un instant terrifiés
par le péril, l'avaient dénoncé dans un moment de patriotisme et de logique. Ces aveux, déjà cités, doivent être
retenus et de nouveau mis sous les yeux. C'est ainsi qu'au
lendemain de la chute de la Commune, le *Journal des Dé-
bats* s'écriait :

« Le jour de l'explosion est venu, *dies iræ*. Puisse du
« moins la flamme allumée par l'ange exterminateur, avoir
« purifié à la fois l'air et les cœurs. » (1).

---

(1) John Lemoinne.

C'est ainsi qu'un organe protestant disait à son tour devant les preuves évidentes de la vengeance divine :

« Sommes-nous au bout? L'expiation est-elle assez com-
« plète, et saurons-nous la recevoir comme il convient?
« Saurons-nous reconnaître, dans l'énormité même de cet
« écroulement, la main toute-puissante qui nous châtie?
« Notre orgueil et notre légèreté sauront-ils enfin s'incliner
« et comprendre? Si de tels coups trouvent encore des es-
« prits fermés et des cœurs hautains, c'est à désespérer de
« la France. » (1).

Ces mêmes hommes, malheureusement, ne savaient pas ou ne voulaient pas voir le remède unique là où il est seulement. La situation est aujourd'hui la même, les hommes du bouleversement social étalent une audace chaque jour croissante, et, comme l'a dit si justement M. Le Play, les forces dissolvantes qui se manifestent depuis 75 ans, par des catastrophes périodiques, continuent sourdement à miner le corps social.

Quel est notre but? Les paroles qui servent d'épigraphe à cette étude l'indiquent assez. Les principes seuls peuvent sauver les peuples. Hélas! moins que jamais, le temps n'est aux expédients. Et c'est précisément ce mépris des principes qui tue les nations.

Ce n'est pas en vain qu'on viole impunément les lois fondamentales et constitutives d'un pays. N'est-ce point le cas de la France depuis trois quarts de siècle, et les hommes de sens ne voient-ils pas que la pente sur laquelle nous glissons nous mène droit à la ruine complète. Tout optimiste qu'on puisse être, il serait puéril de le nier.

Le mal date de l'abandon des vrais principes sociaux. On a cru pouvoir leur substituer des utopies plus ou moins dangereuses ou pratiques. On a laissé se produire les théories les plus démoralisatrices. Tout cela devait porter ses fruits.

------

(1) *Le Temps.*

Que nous manque-t-il aujourd'hui? les principes. Ballottée de Révolution en Révolution, la France est sortie de ses voies. Les habiles du parlementarisme et du doctrinarisme ont cru trouver le salut dans le juste-milieu et les compromis : depuis lors, l'histoire doit constater notre triste impuissance et déplorer les fruits de cette politique d'expédients et de transactions, politique qui reporte aussitôt la pensée vers la vraie politique, celle qui, seule, est digne de la France, la politique à ciel ouvert.

C'est cette politique à ciel ouvert qui a été abandonnée. Voilà le véritable mot de la situation. Il a fallu arriver au XIX⁰ siècle, ce siècle de lumières, qui a entendu proclamer la maxime digne d'Attila et de ses hordes : *La force prime le droit*, pour voir les droits les plus imprescriptibles foulés aux pieds, la foi jurée violée sans honte, les expédients et les compromis substitués aux principes primordiaux reniés.

C'est que notre époque, séparant deux idées corrélatives, a oublié et dénaturé la notion des devoirs, en même temps que la vraie notion des droits; c'est que, entre ses mains, la politique, l'art de gouverner les volontés libres par la persuasion, est devenue celui de se tromper avec une touchante réciprocité et de nager dans les faux-fuyants. Peut-il se soumettre à un principe, ce siècle qui a entendu proclamer l'athéisme de la loi et acclamer la négation de la définition de Dieu, jugée mille fois inférieure à celle de l'athéisme ?

Depuis quatre-vingts ans, la ligne droite a été abandonnée. Nous avons eu les expédients du juste-milieu et la politique tortueuse et fourbe des Césars révolutionnaires, et il y a peu de temps, un homme s'est rencontré, faisant autorité par sa situation, qui est venu recommander de ne jamais s'appuyer sur un principe ou une institution, étonnante maxime qui n'est que la mise en pratique de la politique au jour le jour à laquelle on est tenté d'appliquer le vers du Dante :

Per me si va tra la perduta gente.

C'est ainsi qu'on détruit les convictions, c'est ainsi que les générations s'élèvent dans l'ignorance des vrais principes dont quatorze siècles de gloire donnée à la France ont cependant consacré la nécessité fondamentale.

Tristes symptômes et effrayantes théories. Ne devrait-on pas au contraire, en ce temps de défaillances morales et d'affaissement intellectuel, faire pénétrer dans les générations politiques la nécessité impérieuse des institutions et des principes constitutifs des sociétés.

Il s'en va autrement dans la pratique.

Le scepticisme universel qui domine les esprits, le souffle d'incrédulité qui a passé sur nous portent leurs fruits. Les traditions sont mortes aujourd'hui et la foi politique n'est plus de ce monde. Il faut se poser, et pour être posé ne doit-on pas se nourrir des doctrines vigoureuses de la presse athée, de la prose des normaliens About et Sarcey, et, en général, des productions de tout le bataillon des petits-fils et arrière-petits-fils de Voltaire?

Telle est une partie des générations d'aujourd'hui. Elle a lu l'Encyclopédie et savouré Duruy, Littré possède ses sympathies, et si elle n'en est pas venue encore à proclamer tout à fait que M. About a raison et que l'homme n'est qu'un sous-officier d'avenir dans la grande armée des singes, elle y arrivera à coup sûr.

En considérant les classes laborieuses, n'est-ce pas le plus souvent l'absence de principes qui amène sur les bancs des assises ou implique des égarés dans nos troubles et nos crimes politiques? Serions-nous dans si triste situation si le respect des principes et l'observation des lois fondamentales étaient mieux compris?

C'est donc la pousser à la plus triste décadence que d'arracher à la France les principes qui l'ont faite grande et noble et qui lui avaient donné la première place dans le monde.

Il faut donc conclure aussi au retour à ces principes. Il faut que la politique redevienne ce qu'elle doit être. Est-ce que la politique vraie, à ciel ouvert, n'est pas basée sur des principes qui seront éternellement les mêmes pour tous les peuples, pour les Démosthènes grecs comme pour les Chateaubriand français.

La politique, considérée dans son sens le plus élevé, a toujours eu pour base la justice et le respect des droits. Ce sont ces principes immuables, méprisés par nos politiques modernes, qui ont toujours été la sauvegarde des nations. Les hommes d'État les plus célèbres, Démosthènes et Cicéron, avaient-ils une autre voie, et n'est-ce point l'orateur grec qui appréciait ainsi les victoires de Philippe, qu'i ne serait pas trop téméraire peut-être d'appeler le Bismark de la Grèce :

« Si l'on me donnait le choix, je préférerais mille fois la fortune de ma patrie, parce qu'elle a pour elle le droit et la justice. »

Voilà la véritable politique ! De nos jours, aux idées élevées a succédé l'emploi constant d'expédients quotidiens, fruits de mesquins intérêts. Nous sommes contraints aujourd'hui de plier devant un vainqueur dont nous devons subir tous les caprices exigeants, et nous lésons les droits et l'equité au prix d'une tranquillité factice, résultat d'une habileté déplorable.

Ah ! si actuellement, dans nos grandes luttes parlementaires, et alors qu'il s'agit des intérêts sacrés de la patrie et de son honneur, nous avions un représentant de ces principes qui vînt affirmer à la tribune l'existence impérissable de la politique à ciel ouvert, et proclamer ce cri de la conscience forte de son droit : « Lorsqu'un homme s'est « élevé par l'ambition et la perfidie, le moindre revers « compromet tout son ouvrage, car tout a besoin d'assises « solides, et surtout la politique ! »

Mais ils sont rares de nos jours ces grands caractères, et l'on ne peut que verser des larmes sur l'abaissement de la France. Certes, les exemples sont nombreux. Parmi les plus récents, le rappel de l'*Orénoque*, la reconnaissance du pouvoir usurpe et sans autorite qui règne à Madrid, sont-ce là des actes de politique à ciel ouvert ? Remontons plus haut, jusqu'à M. Thiers, et rappelons une question qui, pour ancienne qu'elle soit, nous permettra de répondre à une allégation de nos adversaires.

Que fit M. Thiers dans la discussion de la pétition des évêques?

Qu'aurait inspiré la véritable politique?

M. Thiers escamota la question. M. Thiers louvoya, il flatta et le Saint-Père et l'Italie, et la victime et le spoliateur. Tout en protestant qu'il n'avait pas changé d'opinion sur la nécessité du pouvoir temporel, il montra aussi la nécessité de se taire, de se courber devant le fait accompli, devant notre parole violée, devant notre signature foulée aux pieds. Il dit que l'Italie était désormais une puissance avec laquelle on devait compter et que la France, qui, sous la monarchie, avait commandé à l'Europe entière coalisée contre elle, devait plier devant une nation qui lui devait tout.

Telle était la signification du discours de M. Thiers, dépouillé des artifices oratoires et des habiletés diplomatiques. Son but fut atteint, d'ailleurs. Cet échantillon de politique du fait accompli et de faux-fuyants réussit, et la question fut enterrée dans les cartons du ministère des affaires étrangères. Renvoi dérisoire : le ministre n'était-il pas l'adversaire déclaré du Saint-Siége, et l'ennemi acharné du pouvoir temporel dans les Assemblées législatives de l'Empire?

Mais, répondra-t-on, — et c'est là que nous attendons les objections, — nous sortions d'une guerre, épuisés et écrasés; fallait-il donc en provoquer une nouvelle?

Non, certes, non ; nul plus que nous ne reconnaissait et ne déplorait la faiblesse de la France, — un prélat éloquent l'a constaté. — Mais il y avait une autre politique, la politique à ciel ouvert, celle du droit et de la justice. Cette politique-là serait montée à la tribune et se serait écriée : « La « France est vaincue : jusqu'ici toujours respectée, elle est « écrasée aujourd'hui. A ce moment d'épuisement, un peu- « ple qui nous doit son existence et à qui nous avons donné « notre sang, ce peuple, au mépris de notre parole et de

« notre signature, a achevé l'acte qu'il méditait. Il a pris
« Rome. Pie IX est dépouillé de sa souveraineté et les fils
« de la France qui combattaient pour lui ont eu à supporter
« tout, après une convention dérisoire qui leur avait promis
« cependant les honneurs de la guerre. » (1).

« Nous ne pouvons ni ne voulons faire la guerre et
« ceux qui nous accusent de la vouloir se trompent, mais
« nous devons, au nom du droit et de la justice, protester
« devant l'Europe contre la violation de notre parole. Nous
« devons revendiquer hautement les droits imprescriptibles
« de la justice et de l'équité. »

Tel était le langage que conseillait la véritable politique.

---

(1) Après la capitulation de Rome, des officiers italiens n'allèrent-ils pas jusqu'à cracher à la figure de zouaves désarmés.

Voici d'ailleurs un échantillon de la reconnaissance italienne. Il a été raconté par un sous-officier évadé :

Parvenus sur le territoire autrichien, ils avaient été accueillis, fêtés, choyés. On leur avait donné des vêtements neufs, notamment des paletots en velours-soie, pour remplacer les leurs qui étaient fort délabrés.

Mais quand ils eurent ensuite abordé le territoire italien, leurs perplexités recommencèrent. Dans ce pays que nous avons fait, ils s'aperçurent bien vite qu'ils devaient dissimuler leur qualité de fugitifs français, s'ils ne voulaient être exposés aux avanies qui ne leur avaient pas été épargnées en Prusse.

Elles étaient pourtant bien dures, ces avanies !

Les premiers temps de leur séjour, au milieu de leurs geôliers, si les prisonniers français s'aventuraient dans quelque café, les habitués du lieu ne se gênaient pas pour absorber la consommation qui leur était servie, et poussaient la facétie tudesque jusqu'à s'asseoir sur leurs genoux.

Ces insolences avaient été punies comme elles le méritaient ; le sang français est trop bouillant pour supporter l'injure, et surtout l'injure imméritée. Des collisions s'en étaient suivies dans lesquelles nos malheureux compatriotes, écrasés par le nombre, avaient reçu les plus mauvais traitements. Ils avaient dû dès lors se confiner dans leurs tristes logements.

Les bons procédés de la reconnaissance italienne et de la morgue prussienne se valent.

Rien n'est changé depuis lors : la politique du fait accompli quand même, la politique de bascule a continué de triompher au grand détriment du salut social.

Cette absence de principes déplorable avait fait de tous temps de M. Thiers l'homme dangereux dont la France a été délivrée. C'est encore cette absence de principes qui a empêché les hommes du juste milieu de sauver le pays. C'est elle enfin qui a jeté des esprits honorables d'ailleurs dans l'utopie de la République « conservatrice ».

Que signifie cette formule : *République conservatrice ?* formule essentiellement illogique s'il en fut.

République conservatrice!!! Conservatrice de quoi? Elle ne peut pas être conservatrice de la République, puisque la République n'existe pas de droit, puisqu'elle n'a pas été proclamée, puisque nous vivons sous le régime de lois que les républicains attaquent chaque jour comme anti-républicaines.

On ne peut conserver que ce qui est établi, et en France on ne peut conserver comme établi que notre vieux droit national, nos lois fondamentales et notre constitution séculaire.

La formule République conservatrice est donc un non sens.

Le plus clair de cette épithète c'est que la République était conservatrice des pouvoirs de M. Thiers, de la présidence de M. Thiers, des appointements de M. Thiers, et de l'ambition de M. Thiers.

Certes, nous le savons, il y a des hommes qui ont cru et croient encore de parfaite bonne foi à la République conservatrice et modérée. Nous les respectons, mais aussi nous leur dénonçons la vérité. Un coup d'œil en arrière suffit pour être édifié. Cette République ne peut point exister. L'autorité de M. Thiers lui-même en est le garant, et n'est-ce pas de sa bouche qu'est sortie cette parole : la République tourne toujours *au sang ou à l'imbécillité.* L'état d'imbécillité sera toujours le partage de la Républi-

que conservatrice. — L'autre, la République pour de bon,
sera sanguinaire. Ne se valent-elles pas et l'une est-elle à
l'autre préférable.

M. Thiers tombé sous la réprobation publique, on crut
un instant que les principes allaient enfin triompher. Cet
espoir fut encore déçu, les expédients l'emportèrent.

L'idée fausse de la possession du pouvoir constituant
empêcha le salut. N'est-ce pas, d'ailleurs, la folie de notre
siècle que de croire à la stabilité de ses fragiles institutions
bâties sur le sable. Un homme qui a été revendiqué depuis
par la Révolution, Lammenai , a dit à ce sujet :

« Une des plus dangereuses folies de notre siècle, est de
s'imaginer que l'on constitue un Etat et qu'on forme une
société du jour au lendemain, comme on élève une manu-
facture. On ne fait point les sociétés : la nature et le temps
les font de concert... On écrit sur un morceau de papier
qu'on est une monarchie ou une république, en attendant
qu'on soit en réalité quelque chose. Mais il y a une loi im-
muable contre laquelle rien ne prévaut : toute société qui,
étant sortie des voies de sa nature, s'obstine à n'y point
rentrer, ne se renouvelle que par la dissolution ; il faut,
ainsi que l'homme, qu'elle traverse le tombeau pour arriver
à la vie une seconde fois. » (1).

Un seul moyen s'offrait de salut, celui que conseillait la
politique à ciel ouvert. Nos politiques le rejetèrent. La monarchie avait fait l'unité française mieux que la République
une et indivisible. On ne fit pas la monarchie vraie et nationale, nous retombâmes dans les expédients ; les esprits fe-
conds cherchèrent dans leurs vastes imaginations, et le septennat fut creé et mis au monde.

---

(1) Il y a quelques mois, le *Temps* à son tour avouait que seules les
institutions consacrées par la suite des siècles étaient stables. *Habemus
confitentem...* L'organe protestant n'en continue pas moins à repousser
les institutions séculaires de la France!... O inconséquences des logi-
ciens du siècle.

Il n'y avait qu'une époque comme la nôtre qui pût voir surgir le parti qu'on appelle septennaliste. Il fallait en arriver où nous sommes pour trouver des esprits, éclairés d'ailleurs, venir proposer des expédients à terme fixe de sept ans et poser à leurs adeptes la condition *sine quâ non* de ne s'occuper de l'avenir d'un pays que jusqu'à telle date donnée jour pour jour, date équivalant à une journée dans la vie des nations, et cela sans souci aucun du lendemain.

Que nous allègue-t-on? le calme matériel assuré, les convoitises inquiètes écrasées, la révolution domptée.

Voilà le grand argument, mais à qui le fera-t-on croire? Qu'est-ce que l'ordre matériel sans l'ordre moral? le règne du sabre! le feu qui couve sous la cendre! Est-ce qu'en 1828, au moment même où l'on sapait le trône de Charles X, on ne disait point déjà que la révolution était impossible?

Non, l'immobilité de la révolution n'est qu'apparente : la révolution ne s'arrête jamais; quand on ne la voit pas à l'assaut, on peut être assuré qu'elle va pénétrer dans la place par des voies souterraines ou des intelligences. Pour arrêter ses envahissements. il faut autre chose qu'un provisoire de sept ans.

Au surplus, quelle est la véritable politique septennaliste et quels seront ses réels résultats?

Une controverse dont les détails ne laissaient pas d'ailleurs que d'être fort intéressants, élevée il y a quelque deux mois entre le *Journal de Paris* et le *Temps*, nous instruisait pleinement. Que demandent les septennalistes ? « De constituer le gouvernement sous lequel la France vit en ce moment et doit vivre encore pendant six ans, sauf à nous occuper plus tard de constituer le gouvernement sous lequel la France devra vivre à partir de 1881. »

De son côté, que réclamait le *Temps?* Tout naïvement de constituer une république définitive.

Il faut bien constater que ce n'est pas le *Journal de*

Paris qui brilla dans cette discussion par la puissance d'argumentation. On trouvait même d'évidentes contradictions dans la polémique de l'organe du centre droit. Retenons cependant une partie des faibles arguments apportés par le *Journal de Paris* à l'appui de sa thèse.

M. Edouard Hervé, comprenant que la question du gouvernement futur doit tout brouiller, l'applanissait en vrai septennaliste. Séparons le provisoire du définitif et posons la question du gouvernement futur le plus tard possible. C'est très-bien; mais cependant que le centre droit fait des cajoleries et même des évolutions d'opinion pour éviter une brouille avec le centre gauche, que deviennent la France, l'industrie, le commerce, qui, quoi qu'on dise, souffrent et éprouvent toutes les incertitudes d'un provisoire qui les mène à la ruine.

Les politiques du jour ne s'embarrassent pas de si peu, il est vrai, et le *Journal de Paris* trouvait un moyen des plus primitifs pour expliquer la situation.

« La situation, suivant nous, peut, disait-il, se résumer dans des termes parfaitement simples. Nous partons pour un voyage; nous prévoyons qu'à un certain point de la route nous serons obligés de nous séparer; mais rien ne nous empêche de faire ensemble la première partie du voyage, puisque forcément, au point de départ, nous prenons tous la même ligne. Moi, je vais à Nantes, vous à la Rochelle, un autre à Bordeaux; nous ne pourrons donc pas voyager ensemble jusqu'au bout; mais tous nous sommes obligés de passer par Tours; allons donc ensemble jusqu'à Tours, et arrivés là, nous bifurquerons. »

Voilà, ma foi, une argumentation irréfutable et sans subtilité aucune. Elle n'a qu'un seul défaut, c'est de se tromper absolument sur le but final. Vous bifurquerez? bien. Et quand vous aurez bien bifurqué, qu'adviendra-t-il? Répondez, car il ne faut pas agir puérilement et à l'aventure. Les partis, quand ils auront bifurqué à Tours, n'iront malheureusement pas, ni l'un à Nantes, ni l'autre à la Rochelle. Ils iront tous au même but : la France et sa constitution.

Nous le demandons, de bonne foi, au *Journal de Paris :* Peut-on avec quelque réflexion, accepter cet expédient et cette politique de bifurcation ? — c'est bien le mot et il restera. Quand on aura constitué un septennat quelconque, personnel ou impersonnel, *sui generis* ou d'ajournement, comme s'exprimait le *Temps*, quand ce septennat aura parfait sa durée jusqu'au trois cent soixante-cinquième jour de sa septième année, à ce moment, à quoi nous buterons-nous, et le croisement des bifurcations ne nous fera-il pas dérailler ?

Où cela nous conduira-t-il, encore une fois? à la Commune ou à l'Empire ! Peut-être aux deux. Est-ce que terreur et césarisme ne se suivent pas, et le despotisme n'est-il pas le même?

Le jour où, à la lueur des torches enflammées du socialisme, le jour où en présence des déportations et des crimes bonapartistes, les hommes du centre droit, les hommes du juste milieu qui ont refusé de sauver la France verront leur œuvre, où demanderont-ils le salut?

Aujourd'hui les voies humaines semblent n'exister plus. L'assemblée paraît s'être condamnée à l'impuissance depuis le jour où pour l'empêcher de nous reconstituer, on l'a flattée de l'idée d'être constituante. La France n'était pas à faire, mais à refaire. Nos mandataires se sont attribué une mission qu'ils n'avaient pas, ils ont manqué jusqu'ici à celle qu'ils avaient. Toutefois, ce que nous croyons bien, c'est qu'un coup de la Providence peut déjouer tous les calculs humains et toutes les habiletés. Le jour viendra d'ailleurs, nous l'espérons fermement, où la nécessité des principes surgira impérieuse et où comprenant enfin que les peuples n'ont pas le droit de se suicider, l'on cherchera après les désillusions de toute nature le salut où il se trouve, et là seulement.

Il aura peut-être été dans les desseins de Dieu de nous laisser dans cette situation pour nous amener à reconnaître qu'il dispose seul de la vie des peuples et que les nations doivent se retremper toujours dans leurs principes.

Mais si, enfin, revenus de leurs doctrines, et de leurs croyances — qu'ils professent très-loyalement, nous ne voulons point le nier — nos gouvernants voulaient faire acte d'énergie et nous sauver, que resterait-il à faire?

A revenir à la bonne, saine et droite politique; cette politique seule nous rendra notre prestige; seule, se basant sur le droit, elle a confiance en elle-même. Cette politique conseille de rendre à la France sa constitution fondamentale et séculaire, de rétablir la monarchie nationale, dont le prestige nous donna Alger et qui nous épargnera les humiliations de reconnaissance forcée de pouvoirs plus ou moins légaux.

La France monarchique est le soleil du monde. En Europe il n'y a qu'un Roi : le roi de France. N'est-ce point Frédéric II, le souverain d'un petit état — aujourd'hui la Prusse — qui disait :

« Si j'étais roi de France, il ne se tirerait pas en Europe « un coup de canon sans ma permission. »

Quelle triste situation avons-nous aujourd'hui vis-à-vis du successeur de Frédéric.

La politique à ciel ouvert, dont le représentant de notre monarchie a si noblement revendiqué la nécessité impérieuse, nous conseille de ramener la France au mouvement si éminemment national de 1789, ce mouvement où le peuple, d'accord avec son Roi, proclamé le *Restaurateur des libertés françaises*, mit au jour ses vœux, après six mois de pratique véritablement honnête et intelligente de ce suffrage universel, œuvre de la royauté, qu'on nous accuse de vouloir mutiler.

Le régicide du 21 janvier devait, hélas! arrêter la France dans sa prospérité nationale (1).

---

(1) Là où la tête d'un roi tombe, il s'ouvre un abîme où disparaît la prospérité de plusieurs générations (Shakespeare).

Pour tout homme sérieux, la monarchie est la seule planche de salut. Il y a quelques jours la France entière était appelée dans ses comices pour les élections municipales. Le résultat a-t-il éclairé les conservateurs et les républicains honnêtes dits modérés? Est-ce que partout les listes radicales n'ont pas vaincu les listes même républicaines modérées, là où ces dernières s'étaient produites? N'est-ce point un symptôme et n'avons-nous pas raison de donner l'alarme et de présager la Commune ou le 18 Brumaire qui la suivra peut-être pour la troisième fois?

Les enseignements du procès d'Arnim ne sont-ils pas d'aujourd'hui !

S'il en est encore temps, qu'on y réfléchisse.

Le salut n'est pas loin : il est dans l'antique constitution française: et comme l'a si bien dit de Maistre, si l'on peut approfondir la question, on trouve dans les monuments du droit public français, des caractères et des lois qui élèvent la France au-dessus de toutes les monarchies connues.

On l'a bien dit : Jusqu'ici la Révolution a dévoré les générations qui ont passé devant elle sans comprendre l'énigme qu'elle semble chargée de proposer. Comme un nouveau sphinx, elle disparaîtra devant la génération qui aura deviné son secret : la constitution de la société nouvelle.

Cette constitution, c'est la monarchie nationale et représentative.

Concluons donc :

Seule la politique à ciel ouvert peut nous donner la liberté. Cette politique est personnifiée aujourd'hui dans la monarchie nationale et légitime. Il faut donc y revenir. Seule, a dit Chateaubriand, la légitimité peut regarder la liberté en face ; oui, seule elle peut nous donner cette liberté vraie qui régénère et respecte les institutions et les principes, liberté telle que la pratiquaient les Romains et les Grecs à leur période de gloire et de prospérité, et que notre grand Bossuet a définie ainsi :

« Sous le nom de liberté, les Romains se figuraient, avec les Grecs, un état où personne ne fût sujet que de la loi et où la loi fût plus puissante que personne. » Cette liberté que nous voulons pour nous, nous la voulons aussi pour les autres, selon que le proclamait éloquemment, sous la Restauration, Mgr Frayssinous.

Nous conjurons l'Assemblée nationale de songer au péril et de le conjurer en accomplissant avec courage le devoir et la mission régénératrice que la France lui avait confiés et auxquels elle a manqué jusqu'ici.

Encore une fois, le mal date de l'abandon des vrais principes sociaux. Revenons à ces principes, à cette politique à ciel ouvert que nous rendra la monarchie légitime. Ce jour-là, la France se retrouvera elle-même. Mais si elle ne fuit pas l'abîme, si elle reste ce que la philosophie voltairienne a voulu en faire : un peuple sceptique, une nation athée, Dieu veuille que bientôt l'on ne dise : *finis Galliæ!*

Que nos gouvernants y songent : c'est la grandeur de la cause et non pas celle des moyens qui conduit à la véritable renommée ; l'honneur a fait dans tous les temps la partie la plus solide de la gloire.

Notre ennemi vainqueur semble avoir été dépeint d'avance par Chateaubriand, dans ces belles paroles : « Une politique immorale s'applaudit d'un succès passager ; elle se croit fine, adroite, habile ; elle écoute avec un mépris ironique le cri de la conscience et les conseils de la probité. Mais tandis qu'elle marche et qu'elle se dit triomphante, elle se sent tout à coup arrachée par les voiles dans lesquels elle s'enveloppait, elle tourne la tête et se trouve face à face avec une révolution vengeresse qui l'a silencieusement suivie... »

La politique prussienne est là tout entière. La France doit-elle l'imiter ? Non ! elle se relèvera plus prospère que jamais. Mais qu'elle se hâte de revenir à ses voies Tous les symptômes précurseurs de la décadence que Cicéron signalait en face de Catilina voulant incendier Rome, se manifestent depuis l'odieux attentat de la Commune.

« Les Etats, à leur ruine, lorsque tout est désespéré, sont ordinairement marqués par ces signes derniers de décadence : les condamnés sont réhabilités, les prisonniers sont délivrés, les déportés reviennent, la chose jugée est discutée et foulée aux pieds. Lorsque ces symptômes apparaissent, personne ne doute que cet Etat ne soit près de sa ruine ; lorsqu'ils se réalisent, nul ne voit plus aucun espoir de salut ! »

L'orateur consulaire prédisait vrai pour la république romaine. Est-ce le cas de la France ? Que nos politiques y songent : l'avenir est le fils du passé.

Mais bientôt, et si comme nous en avons le ferme espoir, notre vœu se réalise, la France, revenue à ses traditions de patriotisme et d'honneur, se relèvera régénérée pour reparaître plus que jamais à la face du monde la protectrice du droit, de la justice et de la vérité.

Ce sera la fin de la Révolution et l'ère du règne de la grande et noble politique à ciel ouvert.

<hr>

Grenoble. — Impr. et lith. A. RIGAUDIN, rue Servan, 8.